Bonjour !!!

- Hello ! Je suis ton éléphant de compagnie. Ensemble nous allons former une super équipe ! Oui, on va se tutoyer pour faire simple.

Tant que tu y es, notes ici et sans plus tarder quelques dates importantes :

Anniversaire de ta mère :　　　　/　　　/

Anniversaire de ton père :　　　　/　　　/

Anniversaire de ton partenaire :　　　/　　　/

Date de rencontre avec ton partenaire :　　　/　　　/

Date de mariage avec ton partenaire :　　　/　　　/

Anniversaire de　　　　　　　　 :　　　/　　　/

Anniversaire de　　　　　　　　 :　　　/　　　/

Anniversaire de　　　　　　　　 :　　　/　　　/

Anniversaire de　　　　　　　　 :　　　/　　　/

Souviens-toi que la Saint-Valentin tombe le 14 février et que Noël toujours le 25 décembre ;)

Le reste peut attendre… Concentrons-nous maintenant sur tes mots de passe.

Nom du site : _____

Adresse url : _____

Nom d'utilisateur : _____

Mot de passe : _____

Email d'enregistrement : _____

Question de récupération : _____

_____

Réponse à cette question : _____

_____

Email récupération : _____

Notes : _____

_____

❀❊❁

Nom du site : _____

Adresse url : _____

Nom d'utilisateur : _____

Mot de passe : _____

Email d'enregistrement : _____

Question de récupération : _____

_____

Réponse à cette question : _____

_____

Email récupération : _____

Notes : _____

_____

Nom du site : _____

Adresse url : _____

Nom d'utilisateur : _____

Mot de passe : _____

Email d'enregistrement : _____

Question de récupération : _____

_____

Réponse à cette question : _____

_____

Email récupération : _____

Notes : _____

_____

❀ ❀ ❀

Nom du site : _____

Adresse url : _____

Nom d'utilisateur : _____

Mot de passe : _____

Email d'enregistrement : _____

Question de récupération : _____

_____

Réponse à cette question : _____

_____

Email récupération : _____

Notes : _____

_____

Nom du site : _____

Adresse url : _____

Nom d'utilisateur : _____

Mot de passe : _____

Email d'enregistrement : _____

Question de récupération : _____

_____

Réponse à cette question : _____

_____

Email récupération : _____

Notes : _____

_____

❀ ✿ ✿

Nom du site : _____

Adresse url : _____

Nom d'utilisateur : _____

Mot de passe : _____

Email d'enregistrement : _____

Question de récupération : _____

_____

Réponse à cette question : _____

_____

Email récupération : _____

Notes : _____

_____

Nom du site : _____

Adresse url : _____

Nom d'utilisateur : _____

Mot de passe : _____

Email d'enregistrement : _____

Question de récupération : _____

_____

Réponse à cette question : _____

_____

Email récupération : _____

Notes : _____

_____

❀❃✿

Nom du site : _____

Adresse url : _____

Nom d'utilisateur : _____

Mot de passe : _____

Email d'enregistrement : _____

Question de récupération : _____

_____

Réponse à cette question : _____

_____

Email récupération : _____

Notes : _____

_____

Nom du site : _____

Adresse url : _____

Nom d'utilisateur : _____

Mot de passe : _____

Email d'enregistrement : _____

Question de récupération : _____

_____

Réponse à cette question : _____

_____

Email récupération : _____

Notes : _____

_____

❀ ❀ ❀

Nom du site : _____

Adresse url : _____

Nom d'utilisateur : _____

Mot de passe : _____

Email d'enregistrement : _____

Question de récupération : _____

_____

Réponse à cette question : _____

_____

Email récupération : _____

Notes : _____

_____

Nom du site : _____

Adresse url : _____

Nom d'utilisateur : _____

Mot de passe : _____

Email d'enregistrement : _____

Question de récupération : _____

_____

Réponse à cette question : _____

_____

Email récupération : _____

Notes : _____

_____

❁❊✿

Nom du site : _____

Adresse url : _____

Nom d'utilisateur : _____

Mot de passe : _____

Email d'enregistrement : _____

Question de récupération : _____

_____

Réponse à cette question : _____

_____

Email récupération : _____

Notes : _____

_____

Nom du site : _____

Adresse url : _____

Nom d'utilisateur : _____

Mot de passe : _____

Email d'enregistrement : _____

Question de récupération : _____

_____

Réponse à cette question : _____

_____

Email récupération : _____

Notes : _____

_____

❀❀❀

Nom du site : _____

Adresse url : _____

Nom d'utilisateur : _____

Mot de passe : _____

Email d'enregistrement : _____

Question de récupération : _____

_____

Réponse à cette question : _____

_____

Email récupération : _____

Notes : _____

_____

Nom du site : _____

Adresse url : _____

Nom d'utilisateur : _____

Mot de passe : _____

Email d'enregistrement : _____

Question de récupération : _____

_____

Réponse à cette question : _____

_____

Email récupération : _____

Notes : _____

_____

❀❆✿

Nom du site : _____

Adresse url : _____

Nom d'utilisateur : _____

Mot de passe : _____

Email d'enregistrement : _____

Question de récupération : _____

_____

Réponse à cette question : _____

_____

Email récupération : _____

Notes : _____

_____

Nom du site : _____

Adresse url : _____

Nom d'utilisateur : _____

Mot de passe : _____

Email d'enregistrement : _____

Question de récupération : _____

_____

Réponse à cette question : _____

_____

Email récupération : _____

Notes : _____

_____

❀ ❀ ❀

Nom du site : _____

Adresse url : _____

Nom d'utilisateur : _____

Mot de passe : _____

Email d'enregistrement : _____

Question de récupération : _____

_____

Réponse à cette question : _____

_____

Email récupération : _____

Notes : _____

_____

Nom du site : _____

Adresse url : _____

Nom d'utilisateur : _____

Mot de passe : _____

Email d'enregistrement : _____

Question de récupération : _____

_____

Réponse à cette question : _____

_____

Email récupération : _____

Notes : _____

_____

❀❁❂

Nom du site : _____

Adresse url : _____

Nom d'utilisateur : _____

Mot de passe : _____

Email d'enregistrement : _____

Question de récupération : _____

_____

Réponse à cette question : _____

_____

Email récupération : _____

Notes : _____

_____

Nom du site : _____

Adresse url : _____

Nom d'utilisateur : _____

Mot de passe : _____

Email d'enregistrement : _____

Question de récupération : _____

_____

Réponse à cette question : _____

_____

Email récupération : _____

Notes : _____

_____

❀ ❈ ❁

Nom du site : _____

Adresse url : _____

Nom d'utilisateur : _____

Mot de passe : _____

Email d'enregistrement : _____

Question de récupération : _____

_____

Réponse à cette question : _____

_____

Email récupération : _____

Notes : _____

_____

Nom du site : _____

Adresse url : _____

Nom d'utilisateur : _____

Mot de passe : _____

Email d'enregistrement : _____

Question de récupération : _____

_____

Réponse à cette question : _____

_____

Email récupération : _____

Notes : _____

_____

❀❁✿

Nom du site : _____

Adresse url : _____

Nom d'utilisateur : _____

Mot de passe : _____

Email d'enregistrement : _____

Question de récupération : _____

_____

Réponse à cette question : _____

_____

Email récupération : _____

Notes : _____

_____

Nom du site : _____

Adresse url : _____

Nom d'utilisateur : _____

Mot de passe : _____

Email d'enregistrement : _____

Question de récupération : _____

_____

Réponse à cette question : _____

_____

Email récupération : _____

Notes : _____

_____

❀ ❀ ❀

Nom du site : _____

Adresse url : _____

Nom d'utilisateur : _____

Mot de passe : _____

Email d'enregistrement : _____

Question de récupération : _____

_____

Réponse à cette question : _____

_____

Email récupération : _____

Notes : _____

_____

Nom du site : _____

Adresse url : _____

Nom d'utilisateur : _____

Mot de passe : _____

Email d'enregistrement : _____

Question de récupération : _____

_____

Réponse à cette question : _____

_____

Email récupération : _____

Notes : _____

_____

❀ ❁ ✿

Nom du site : _____

Adresse url : _____

Nom d'utilisateur : _____

Mot de passe : _____

Email d'enregistrement : _____

Question de récupération : _____

_____

Réponse à cette question : _____

_____

Email récupération : _____

Notes : _____

_____

Nom du site : _____

Adresse url : _____

Nom d'utilisateur : _____

Mot de passe : _____

Email d'enregistrement : _____

Question de récupération : _____

_____

Réponse à cette question : _____

_____

Email récupération : _____

Notes : _____

_____

❀ ❀ ❀

Nom du site : _____

Adresse url : _____

Nom d'utilisateur : _____

Mot de passe : _____

Email d'enregistrement : _____

Question de récupération : _____

_____

Réponse à cette question : _____

_____

Email récupération : _____

Notes : _____

_____

Nom du site : _____

Adresse url : _____

Nom d'utilisateur : _____

Mot de passe : _____

Email d'enregistrement : _____

Question de récupération : _____

_____

Réponse à cette question : _____

_____

Email récupération : _____

Notes : _____

_____

❀❊✿

Nom du site : _____

Adresse url : _____

Nom d'utilisateur : _____

Mot de passe : _____

Email d'enregistrement : _____

Question de récupération : _____

_____

Réponse à cette question : _____

_____

Email récupération : _____

Notes : _____

_____

Nom du site : _____

Adresse url : _____

Nom d'utilisateur : _____

Mot de passe : _____

Email d'enregistrement : _____

Question de récupération : _____

_____

Réponse à cette question : _____

_____

Email récupération : _____

Notes : _____

_____

❀ ❁ ✿

Nom du site : _____

Adresse url : _____

Nom d'utilisateur : _____

Mot de passe : _____

Email d'enregistrement : _____

Question de récupération : _____

_____

Réponse à cette question : _____

_____

Email récupération : _____

Notes : _____

_____

Nom du site : _____

Adresse url : _____

Nom d'utilisateur : _____

Mot de passe : _____

Email d'enregistrement : _____

Question de récupération : _____

_____

Réponse à cette question : _____

_____

Email récupération : _____

Notes : _____

_____

❀ ❃ ✿

Nom du site : _____

Adresse url : _____

Nom d'utilisateur : _____

Mot de passe : _____

Email d'enregistrement : _____

Question de récupération : _____

_____

Réponse à cette question : _____

_____

Email récupération : _____

Notes : _____

_____

Nom du site : _____

Adresse url : _____

Nom d'utilisateur : _____

Mot de passe : _____

Email d'enregistrement : _____

Question de récupération : _____

_____

Réponse à cette question : _____

_____

Email récupération : _____

Notes : _____

_____

❀ ❊ ❁

Nom du site : _____

Adresse url : _____

Nom d'utilisateur : _____

Mot de passe : _____

Email d'enregistrement : _____

Question de récupération : _____

_____

Réponse à cette question : _____

_____

Email récupération : _____

Notes : _____

_____

Nom du site : _____

Adresse url : _____

Nom d'utilisateur : _____

Mot de passe : _____

Email d'enregistrement : _____

Question de récupération : _____
_____

Réponse à cette question : _____
_____

Email récupération : _____

Notes : _____
_____

❀❃✿

Nom du site : _____

Adresse url : _____

Nom d'utilisateur : _____

Mot de passe : _____

Email d'enregistrement : _____

Question de récupération : _____
_____

Réponse à cette question : _____
_____

Email récupération : _____

Notes : _____
_____

Nom du site : _____

Adresse url : _____

Nom d'utilisateur : _____

Mot de passe : _____

Email d'enregistrement : _____

Question de récupération : _____

_____

Réponse à cette question : _____

_____

Email récupération : _____

Notes : _____

_____

❊❀✿

Nom du site : _____

Adresse url : _____

Nom d'utilisateur : _____

Mot de passe : _____

Email d'enregistrement : _____

Question de récupération : _____

_____

Réponse à cette question : _____

_____

Email récupération : _____

Notes : _____

_____

Nom du site : _____

Adresse url : _____

Nom d'utilisateur : _____

Mot de passe : _____

Email d'enregistrement : _____

Question de récupération : _____

_____

Réponse à cette question : _____

_____

Email récupération : _____

Notes : _____

_____

❀ ❦ ✿

Nom du site : _____

Adresse url : _____

Nom d'utilisateur : _____

Mot de passe : _____

Email d'enregistrement : _____

Question de récupération : _____

_____

Réponse à cette question : _____

_____

Email récupération : _____

Notes : _____

_____

Nom du site : _____

Adresse url : _____

Nom d'utilisateur : _____

Mot de passe : _____

Email d'enregistrement : _____

Question de récupération : _____

_____

Réponse à cette question : _____

_____

Email récupération : _____

Notes : _____

_____

❀ ❁ ✿

Nom du site : _____

Adresse url : _____

Nom d'utilisateur : _____

Mot de passe : _____

Email d'enregistrement : _____

Question de récupération : _____

_____

Réponse à cette question : _____

_____

Email récupération : _____

Notes : _____

_____

Nom du site : _____

Adresse url : _____

Nom d'utilisateur : _____

Mot de passe : _____

Email d'enregistrement : _____

Question de récupération : _____

_____

Réponse à cette question : _____

_____

Email récupération : _____

Notes : _____

_____

❀ ❊ ❁

Nom du site : _____

Adresse url : _____

Nom d'utilisateur : _____

Mot de passe : _____

Email d'enregistrement : _____

Question de récupération : _____

_____

Réponse à cette question : _____

_____

Email récupération : _____

Notes : _____

_____

Nom du site : _____

Adresse url : _____

Nom d'utilisateur : _____

Mot de passe : _____

Email d'enregistrement : _____

Question de récupération : _____

_____

Réponse à cette question : _____

_____

Email récupération : _____

Notes : _____

_____

❀ ❃ ❁

Nom du site : _____

Adresse url : _____

Nom d'utilisateur : _____

Mot de passe : _____

Email d'enregistrement : _____

Question de récupération : _____

_____

Réponse à cette question : _____

_____

Email récupération : _____

Notes : _____

_____

Nom du site : _____

Adresse url : _____

Nom d'utilisateur : _____

Mot de passe : _____

Email d'enregistrement : _____

Question de récupération : _____

_____

Réponse à cette question : _____

_____

Email récupération : _____

Notes : _____

_____

❀ ❊ ✿

Nom du site : _____

Adresse url : _____

Nom d'utilisateur : _____

Mot de passe : _____

Email d'enregistrement : _____

Question de récupération : _____

_____

Réponse à cette question : _____

_____

Email récupération : _____

Notes : _____

_____

Nom du site : _____

Adresse url : _____

Nom d'utilisateur : _____

Mot de passe : _____

Email d'enregistrement : _____

Question de récupération : _____

_____

Réponse à cette question : _____

_____

Email récupération : _____

Notes : _____

_____

❃ ❊ ❀

Nom du site : _____

Adresse url : _____

Nom d'utilisateur : _____

Mot de passe : _____

Email d'enregistrement : _____

Question de récupération : _____

_____

Réponse à cette question : _____

_____

Email récupération : _____

Notes : _____

_____

Nom du site : _____

Adresse url : _____

Nom d'utilisateur : _____

Mot de passe : _____

Email d'enregistrement : _____

Question de récupération : _____

_____

Réponse à cette question : _____

_____

Email récupération : _____

Notes : _____

_____

❀ ❦ ✿

Nom du site : _____

Adresse url : _____

Nom d'utilisateur : _____

Mot de passe : _____

Email d'enregistrement : _____

Question de récupération : _____

_____

Réponse à cette question : _____

_____

Email récupération : _____

Notes : _____

_____

Nom du site : _____

Adresse url : _____

Nom d'utilisateur : _____

Mot de passe : _____

Email d'enregistrement : _____

Question de récupération : _____

_____

Réponse à cette question : _____

_____

Email récupération : _____

Notes : _____

_____

❀ ❁ ❀

Nom du site : _____

Adresse url : _____

Nom d'utilisateur : _____

Mot de passe : _____

Email d'enregistrement : _____

Question de récupération : _____

_____

Réponse à cette question : _____

_____

Email récupération : _____

Notes : _____

_____

Nom du site : _____

Adresse url : _____

Nom d'utilisateur : _____

Mot de passe : _____

Email d'enregistrement : _____

Question de récupération : _____

_____

Réponse à cette question : _____

_____

Email récupération : _____

Notes : _____

_____

❀❊✿

Nom du site : _____

Adresse url : _____

Nom d'utilisateur : _____

Mot de passe : _____

Email d'enregistrement : _____

Question de récupération : _____

_____

Réponse à cette question : _____

_____

Email récupération : _____

Notes : _____

_____

Nom du site : _____
Adresse url : _____
Nom d'utilisateur : _____
Mot de passe : _____
Email d'enregistrement : _____
Question de récupération : _____
_____
Réponse à cette question : _____
_____
Email récupération : _____
Notes : _____
_____

❀❁❀

Nom du site : _____
Adresse url : _____
Nom d'utilisateur : _____
Mot de passe : _____
Email d'enregistrement : _____
Question de récupération : _____
_____
Réponse à cette question : _____
_____
Email récupération : _____
Notes : _____
_____

Nom du site : _____

Adresse url : _____

Nom d'utilisateur : _____

Mot de passe : _____

Email d'enregistrement : _____

Question de récupération : _____

_____

Réponse à cette question : _____

_____

Email récupération : _____

Notes : _____

_____

❀ ❀ ❀

Nom du site : _____

Adresse url : _____

Nom d'utilisateur : _____

Mot de passe : _____

Email d'enregistrement : _____

Question de récupération : _____

_____

Réponse à cette question : _____

_____

Email récupération : _____

Notes : _____

_____

Nom du site : _____

Adresse url : _____

Nom d'utilisateur : _____

Mot de passe : _____

Email d'enregistrement : _____

Question de récupération : _____

_____

Réponse à cette question : _____

_____

Email récupération : _____

Notes : _____

_____

❀ ❃ ❁

Nom du site : _____

Adresse url : _____

Nom d'utilisateur : _____

Mot de passe : _____

Email d'enregistrement : _____

Question de récupération : _____

_____

Réponse à cette question : _____

_____

Email récupération : _____

Notes : _____

_____

Nom du site : _____

Adresse url : _____

Nom d'utilisateur : _____

Mot de passe : _____

Email d'enregistrement : _____

Question de récupération : _____

_____

Réponse à cette question : _____

_____

Email récupération : _____

Notes : _____

_____

❀❁❀

Nom du site : _____

Adresse url : _____

Nom d'utilisateur : _____

Mot de passe : _____

Email d'enregistrement : _____

Question de récupération : _____

_____

Réponse à cette question : _____

_____

Email récupération : _____

Notes : _____

_____

Nom du site : _____

Adresse url : _____

Nom d'utilisateur : _____

Mot de passe : _____

Email d'enregistrement : _____

Question de récupération : _____

_____

Réponse à cette question : _____

_____

Email récupération : _____

Notes : _____

_____

❀ ❃ ❁

Nom du site : _____

Adresse url : _____

Nom d'utilisateur : _____

Mot de passe : _____

Email d'enregistrement : _____

Question de récupération : _____

_____

Réponse à cette question : _____

_____

Email récupération : _____

Notes : _____

_____

Nom du site : _____
Adresse url : _____
Nom d'utilisateur : _____
Mot de passe : _____
Email d'enregistrement : _____
Question de récupération : _____

_____

Réponse à cette question : _____

_____

Email récupération : _____
Notes : _____

_____

❁ ❦ ✿

Nom du site : _____
Adresse url : _____
Nom d'utilisateur : _____
Mot de passe : _____
Email d'enregistrement : _____
Question de récupération : _____

_____

Réponse à cette question : _____

_____

Email récupération : _____
Notes : _____

_____

Nom du site : _____

Adresse url : _____

Nom d'utilisateur : _____

Mot de passe : _____

Email d'enregistrement : _____

Question de récupération : _____

_____

Réponse à cette question : _____

_____

Email récupération : _____

Notes : _____

_____

❀ ❦ ✿

Nom du site : _____

Adresse url : _____

Nom d'utilisateur : _____

Mot de passe : _____

Email d'enregistrement : _____

Question de récupération : _____

_____

Réponse à cette question : _____

_____

Email récupération : _____

Notes : _____

_____

Nom du site : _____

Adresse url : _____

Nom d'utilisateur : _____

Mot de passe : _____

Email d'enregistrement : _____

Question de récupération : _____

_____

Réponse à cette question : _____

_____

Email récupération : _____

Notes : _____

_____

❀❀❀

Nom du site : _____

Adresse url : _____

Nom d'utilisateur : _____

Mot de passe : _____

Email d'enregistrement : _____

Question de récupération : _____

_____

Réponse à cette question : _____

_____

Email récupération : _____

Notes : _____

_____

Nom du site : _____

Adresse url : _____

Nom d'utilisateur : _____

Mot de passe : _____

Email d'enregistrement : _____

Question de récupération : _____

_____

Réponse à cette question : _____

_____

Email récupération : _____

Notes : _____

_____

❋ ❦ ✿

Nom du site : _____

Adresse url : _____

Nom d'utilisateur : _____

Mot de passe : _____

Email d'enregistrement : _____

Question de récupération : _____

_____

Réponse à cette question : _____

_____

Email récupération : _____

Notes : _____

_____

Nom du site : _____

Adresse url : _____

Nom d'utilisateur : _____

Mot de passe : _____

Email d'enregistrement : _____

Question de récupération : _____

_____

Réponse à cette question : _____

_____

Email récupération : _____

Notes : _____

_____

❀❈❀

Nom du site : _____

Adresse url : _____

Nom d'utilisateur : _____

Mot de passe : _____

Email d'enregistrement : _____

Question de récupération : _____

_____

Réponse à cette question : _____

_____

Email récupération : _____

Notes : _____

_____

Nom du site : _____

Adresse url : _____

Nom d'utilisateur : _____

Mot de passe : _____

Email d'enregistrement : _____

Question de récupération : _____

_____

Réponse à cette question : _____

_____

Email récupération : _____

Notes : _____

_____

❀ ❀ ❀

Nom du site : _____

Adresse url : _____

Nom d'utilisateur : _____

Mot de passe : _____

Email d'enregistrement : _____

Question de récupération : _____

_____

Réponse à cette question : _____

_____

Email récupération : _____

Notes : _____

_____

Nom du site : _____

Adresse url : _____

Nom d'utilisateur : _____

Mot de passe : _____

Email d'enregistrement : _____

Question de récupération : _____

_____

Réponse à cette question : _____

_____

Email récupération : _____

Notes : _____

_____

❀ ❀ ❀

Nom du site : _____

Adresse url : _____

Nom d'utilisateur : _____

Mot de passe : _____

Email d'enregistrement : _____

Question de récupération : _____

_____

Réponse à cette question : _____

_____

Email récupération : _____

Notes : _____

_____

Nom du site : _____

Adresse url : _____

Nom d'utilisateur : _____

Mot de passe : _____

Email d'enregistrement : _____

Question de récupération : _____

_____

Réponse à cette question : _____

_____

Email récupération : _____

Notes : _____

_____

❀❁✿

Nom du site : _____

Adresse url : _____

Nom d'utilisateur : _____

Mot de passe : _____

Email d'enregistrement : _____

Question de récupération : _____

_____

Réponse à cette question : _____

_____

Email récupération : _____

Notes : _____

_____

Nom du site : _____

Adresse url : _____

Nom d'utilisateur : _____

Mot de passe : _____

Email d'enregistrement : _____

Question de récupération : _____

_____

Réponse à cette question : _____

_____

Email récupération : _____

Notes : _____

_____

❀❃✿

Nom du site : _____

Adresse url : _____

Nom d'utilisateur : _____

Mot de passe : _____

Email d'enregistrement : _____

Question de récupération : _____

_____

Réponse à cette question : _____

_____

Email récupération : _____

Notes : _____

_____

Nom du site : _____

Adresse url : _____

Nom d'utilisateur : _____

Mot de passe : _____

Email d'enregistrement : _____

Question de récupération : _____

_____

Réponse à cette question : _____

_____

Email récupération : _____

Notes : _____

_____

❀ ❁ ❀

Nom du site : _____

Adresse url : _____

Nom d'utilisateur : _____

Mot de passe : _____

Email d'enregistrement : _____

Question de récupération : _____

_____

Réponse à cette question : _____

_____

Email récupération : _____

Notes : _____

_____

Nom du site : _____

Adresse url : _____

Nom d'utilisateur : _____

Mot de passe : _____

Email d'enregistrement : _____

Question de récupération : _____

_____

Réponse à cette question : _____

_____

Email récupération : _____

Notes : _____

_____

❀ ✿ ❁

Nom du site : _____

Adresse url : _____

Nom d'utilisateur : _____

Mot de passe : _____

Email d'enregistrement : _____

Question de récupération : _____

_____

Réponse à cette question : _____

_____

Email récupération : _____

Notes : _____

_____

Nom du site : _____

Adresse url : _____

Nom d'utilisateur : _____

Mot de passe : _____

Email d'enregistrement : _____

Question de récupération : _____

_____

Réponse à cette question : _____

_____

Email récupération : _____

Notes : _____

_____

❀ ❃ ✿

Nom du site : _____

Adresse url : _____

Nom d'utilisateur : _____

Mot de passe : _____

Email d'enregistrement : _____

Question de récupération : _____

_____

Réponse à cette question : _____

_____

Email récupération : _____

Notes : _____

_____

Nom du site : _____

Adresse url : _____

Nom d'utilisateur : _____

Mot de passe : _____

Email d'enregistrement : _____

Question de récupération : _____

_____

Réponse à cette question : _____

_____

Email récupération : _____

Notes : _____

_____

❀ ❃ ✿

Nom du site : _____

Adresse url : _____

Nom d'utilisateur : _____

Mot de passe : _____

Email d'enregistrement : _____

Question de récupération : _____

_____

Réponse à cette question : _____

_____

Email récupération : _____

Notes : _____

_____

Nom du site : _____

Adresse url : _____

Nom d'utilisateur : _____

Mot de passe : _____

Email d'enregistrement : _____

Question de récupération : _____

_____

Réponse à cette question : _____

_____

Email récupération : _____

Notes : _____

_____

❀ ❀ ❀

Nom du site : _____

Adresse url : _____

Nom d'utilisateur : _____

Mot de passe : _____

Email d'enregistrement : _____

Question de récupération : _____

_____

Réponse à cette question : _____

_____

Email récupération : _____

Notes : _____

_____

Nom du site : _____

Adresse url : _____

Nom d'utilisateur : _____

Mot de passe : _____

Email d'enregistrement : _____

Question de récupération : _____

_____

Réponse à cette question : _____

_____

Email récupération : _____

Notes : _____

_____

❀❊✿

Nom du site : _____

Adresse url : _____

Nom d'utilisateur : _____

Mot de passe : _____

Email d'enregistrement : _____

Question de récupération : _____

_____

Réponse à cette question : _____

_____

Email récupération : _____

Notes : _____

_____

Nom du site : _____

Adresse url : _____

Nom d'utilisateur : _____

Mot de passe : _____

Email d'enregistrement : _____

Question de récupération : _____

_____

Réponse à cette question : _____

_____

Email récupération : _____

Notes : _____

_____

❀❁✿

Nom du site : _____

Adresse url : _____

Nom d'utilisateur : _____

Mot de passe : _____

Email d'enregistrement : _____

Question de récupération : _____

_____

Réponse à cette question : _____

_____

Email récupération : _____

Notes : _____

_____

Nom du site : _____

Adresse url : _____

Nom d'utilisateur : _____

Mot de passe : _____

Email d'enregistrement : _____

Question de récupération : _____

_____

Réponse à cette question : _____

_____

Email récupération : _____

Notes : _____

_____

❀❅✿

Nom du site : _____

Adresse url : _____

Nom d'utilisateur : _____

Mot de passe : _____

Email d'enregistrement : _____

Question de récupération : _____

_____

Réponse à cette question : _____

_____

Email récupération : _____

Notes : _____

_____

Nom du site : _____

Adresse url : _____

Nom d'utilisateur : _____

Mot de passe : _____

Email d'enregistrement : _____

Question de récupération : _____

_____

Réponse à cette question : _____

_____

Email récupération : _____

Notes : _____

_____

❀ ❦ ❀

Nom du site : _____

Adresse url : _____

Nom d'utilisateur : _____

Mot de passe : _____

Email d'enregistrement : _____

Question de récupération : _____

_____

Réponse à cette question : _____

_____

Email récupération : _____

Notes : _____

_____

Nom du site : _____

Adresse url : _____

Nom d'utilisateur : _____

Mot de passe : _____

Email d'enregistrement : _____

Question de récupération : _____

_____

Réponse à cette question : _____

_____

Email récupération : _____

Notes : _____

_____

❀ ❃ ✿

Nom du site : _____

Adresse url : _____

Nom d'utilisateur : _____

Mot de passe : _____

Email d'enregistrement : _____

Question de récupération : _____

_____

Réponse à cette question : _____

_____

Email récupération : _____

Notes : _____

_____

Nom du site : _____
Adresse url : _____
Nom d'utilisateur : _____
Mot de passe : _____
Email d'enregistrement : _____
Question de récupération : _____

_____

Réponse à cette question : _____

_____

Email récupération : _____
Notes : _____

_____

❀ ❁ ✿

Nom du site : _____
Adresse url : _____
Nom d'utilisateur : _____
Mot de passe : _____
Email d'enregistrement : _____
Question de récupération : _____

_____

Réponse à cette question : _____

_____

Email récupération : _____
Notes : _____

_____

Nom du site : _____

Adresse url : _____

Nom d'utilisateur : _____

Mot de passe : _____

Email d'enregistrement : _____

Question de récupération : _____
_____

Réponse à cette question : _____
_____

Email récupération : _____

Notes : _____
_____

❀❃✿

Nom du site : _____

Adresse url : _____

Nom d'utilisateur : _____

Mot de passe : _____

Email d'enregistrement : _____

Question de récupération : _____
_____

Réponse à cette question : _____
_____

Email récupération : _____

Notes : _____
_____

Nom du site : _____

Adresse url : _____

Nom d'utilisateur : _____

Mot de passe : _____

Email d'enregistrement : _____

Question de récupération : _____

_____

Réponse à cette question : _____

_____

Email récupération : _____

Notes : _____

_____

❀ ❃ ❀

Nom du site : _____

Adresse url : _____

Nom d'utilisateur : _____

Mot de passe : _____

Email d'enregistrement : _____

Question de récupération : _____

_____

Réponse à cette question : _____

_____

Email récupération : _____

Notes : _____

_____

Nom du site : _____

Adresse url : _____

Nom d'utilisateur : _____

Mot de passe : _____

Email d'enregistrement : _____

Question de récupération : _____

_____

Réponse à cette question : _____

_____

Email récupération : _____

Notes : _____

_____

❀❁✿

Nom du site : _____

Adresse url : _____

Nom d'utilisateur : _____

Mot de passe : _____

Email d'enregistrement : _____

Question de récupération : _____

_____

Réponse à cette question : _____

_____

Email récupération : _____

Notes : _____

_____

Nom du site : _____

Adresse url : _____

Nom d'utilisateur : _____

Mot de passe : _____

Email d'enregistrement : _____

Question de récupération : _____

_____

Réponse à cette question : _____

_____

Email récupération : _____

Notes : _____

_____

❀ ❃ ❀

Nom du site : _____

Adresse url : _____

Nom d'utilisateur : _____

Mot de passe : _____

Email d'enregistrement : _____

Question de récupération : _____

_____

Réponse à cette question : _____

_____

Email récupération : _____

Notes : _____

_____

Nom du site : _____
Adresse url : _____
Nom d'utilisateur : _____
Mot de passe : _____
Email d'enregistrement : _____
Question de récupération : _____
_____
Réponse à cette question : _____
_____
Email récupération : _____
Notes : _____
_____

❀ ❀ ❀

Nom du site : _____
Adresse url : _____
Nom d'utilisateur : _____
Mot de passe : _____
Email d'enregistrement : _____
Question de récupération : _____
_____
Réponse à cette question : _____
_____
Email récupération : _____
Notes : _____
_____

Nom du site : _____
Adresse url : _____
Nom d'utilisateur : _____
Mot de passe : _____
Email d'enregistrement : _____
Question de récupération : _____

_____

Réponse à cette question : _____

_____

Email récupération : _____
Notes : _____

_____

❀ ❃ ❁

Nom du site : _____
Adresse url : _____
Nom d'utilisateur : _____
Mot de passe : _____
Email d'enregistrement : _____
Question de récupération : _____

_____

Réponse à cette question : _____

_____

Email récupération : _____
Notes : _____

_____

Nom du site : _____

Adresse url : _____

Nom d'utilisateur : _____

Mot de passe : _____

Email d'enregistrement : _____

Question de récupération : _____

_____

Réponse à cette question : _____

_____

Email récupération : _____

Notes : _____

_____

❀✿❁

Nom du site : _____

Adresse url : _____

Nom d'utilisateur : _____

Mot de passe : _____

Email d'enregistrement : _____

Question de récupération : _____

_____

Réponse à cette question : _____

_____

Email récupération : _____

Notes : _____

_____

Nom du site : _____

Adresse url : _____

Nom d'utilisateur : _____

Mot de passe : _____

Email d'enregistrement : _____

Question de récupération : _____

_____

Réponse à cette question : _____

_____

Email récupération : _____

Notes : _____

_____

❀❃✿

Nom du site : _____

Adresse url : _____

Nom d'utilisateur : _____

Mot de passe : _____

Email d'enregistrement : _____

Question de récupération : _____

_____

Réponse à cette question : _____

_____

Email récupération : _____

Notes : _____

_____

Nom du site : _____

Adresse url : _____

Nom d'utilisateur : _____

Mot de passe : _____

Email d'enregistrement : _____

Question de récupération : _____

_____

Réponse à cette question : _____

_____

Email récupération : _____

Notes : _____

_____

❀ ❃ ❀

Nom du site : _____

Adresse url : _____

Nom d'utilisateur : _____

Mot de passe : _____

Email d'enregistrement : _____

Question de récupération : _____

_____

Réponse à cette question : _____

_____

Email récupération : _____

Notes : _____

_____

Nom du site : _____

Adresse url : _____

Nom d'utilisateur : _____

Mot de passe : _____

Email d'enregistrement : _____

Question de récupération : _____

_____

Réponse à cette question : _____

_____

Email récupération : _____

Notes : _____

_____

❀ ❀ ❀

Nom du site : _____

Adresse url : _____

Nom d'utilisateur : _____

Mot de passe : _____

Email d'enregistrement : _____

Question de récupération : _____

_____

Réponse à cette question : _____

_____

Email récupération : _____

Notes : _____

_____

Nom du site : _____

Adresse url : _____

Nom d'utilisateur : _____

Mot de passe : _____

Email d'enregistrement : _____

Question de récupération : _____

_____

Réponse à cette question : _____

_____

Email récupération : _____

Notes : _____

_____

❀ ❁ ❁

Nom du site : _____

Adresse url : _____

Nom d'utilisateur : _____

Mot de passe : _____

Email d'enregistrement : _____

Question de récupération : _____

_____

Réponse à cette question : _____

_____

Email récupération : _____

Notes : _____

_____

Nom du site : _____

Adresse url : _____

Nom d'utilisateur : _____

Mot de passe : _____

Email d'enregistrement : _____

Question de récupération : _____
_____

Réponse à cette question : _____
_____

Email récupération : _____

Notes : _____
_____

❀✿❁

Nom du site : _____

Adresse url : _____

Nom d'utilisateur : _____

Mot de passe : _____

Email d'enregistrement : _____

Question de récupération : _____
_____

Réponse à cette question : _____
_____

Email récupération : _____

Notes : _____
_____

Nom du site : _____

Adresse url : _____

Nom d'utilisateur : _____

Mot de passe : _____

Email d'enregistrement : _____

Question de récupération : _____

_____

Réponse à cette question : _____

_____

Email récupération : _____

Notes : _____

_____

❀ ❃ ✿

Nom du site : _____

Adresse url : _____

Nom d'utilisateur : _____

Mot de passe : _____

Email d'enregistrement : _____

Question de récupération : _____

_____

Réponse à cette question : _____

_____

Email récupération : _____

Notes : _____

_____

Nom du site : _____

Adresse url : _____

Nom d'utilisateur : _____

Mot de passe : _____

Email d'enregistrement : _____

Question de récupération : _____

_____

Réponse à cette question : _____

_____

Email récupération : _____

Notes : _____

_____

❀ ❁ ✿

Nom du site : _____

Adresse url : _____

Nom d'utilisateur : _____

Mot de passe : _____

Email d'enregistrement : _____

Question de récupération : _____

_____

Réponse à cette question : _____

_____

Email récupération : _____

Notes : _____

_____

Nom du site : _____

Adresse url : _____

Nom d'utilisateur : _____

Mot de passe : _____

Email d'enregistrement : _____

Question de récupération : _____

_____

Réponse à cette question : _____

_____

Email récupération : _____

Notes : _____

_____

❀ ❅ ✿

Nom du site : _____

Adresse url : _____

Nom d'utilisateur : _____

Mot de passe : _____

Email d'enregistrement : _____

Question de récupération : _____

_____

Réponse à cette question : _____

_____

Email récupération : _____

Notes : _____

_____

Nom du site : _____

Adresse url : _____

Nom d'utilisateur : _____

Mot de passe : _____

Email d'enregistrement : _____

Question de récupération : _____

_____

Réponse à cette question : _____

_____

Email récupération : _____

Notes : _____

_____

❀ ❅ ✿

Nom du site : _____

Adresse url : _____

Nom d'utilisateur : _____

Mot de passe : _____

Email d'enregistrement : _____

Question de récupération : _____

_____

Réponse à cette question : _____

_____

Email récupération : _____

Notes : _____

_____

Nom du site : _____

Adresse url : _____

Nom d'utilisateur : _____

Mot de passe : _____

Email d'enregistrement : _____

Question de récupération : _____

_____

Réponse à cette question : _____

_____

Email récupération : _____

Notes : _____

_____

❀ ❊ ❁

Nom du site : _____

Adresse url : _____

Nom d'utilisateur : _____

Mot de passe : _____

Email d'enregistrement : _____

Question de récupération : _____

_____

Réponse à cette question : _____

_____

Email récupération : _____

Notes : _____

_____

Nom du site : _____

Adresse url : _____

Nom d'utilisateur : _____

Mot de passe : _____

Email d'enregistrement : _____

Question de récupération : _____

_____

Réponse à cette question : _____

_____

Email récupération : _____

Notes : _____

_____

❀ ❀ ❀

Nom du site : _____

Adresse url : _____

Nom d'utilisateur : _____

Mot de passe : _____

Email d'enregistrement : _____

Question de récupération : _____

_____

Réponse à cette question : _____

_____

Email récupération : _____

Notes : _____

_____

Nom du site : _____

Adresse url : _____

Nom d'utilisateur : _____

Mot de passe : _____

Email d'enregistrement : _____

Question de récupération : _____

_____

Réponse à cette question : _____

_____

Email récupération : _____

Notes : _____

_____

❊ ❊ ❊

Nom du site : _____

Adresse url : _____

Nom d'utilisateur : _____

Mot de passe : _____

Email d'enregistrement : _____

Question de récupération : _____

_____

Réponse à cette question : _____

_____

Email récupération : _____

Notes : _____

_____

Nom du site : _____

Adresse url : _____

Nom d'utilisateur : _____

Mot de passe : _____

Email d'enregistrement : _____

Question de récupération : _____

_____

Réponse à cette question : _____

_____

Email récupération : _____

Notes : _____

_____

❋ ❃ ✿

Nom du site : _____

Adresse url : _____

Nom d'utilisateur : _____

Mot de passe : _____

Email d'enregistrement : _____

Question de récupération : _____

_____

Réponse à cette question : _____

_____

Email récupération : _____

Notes : _____

_____